INDERLIG

UFULDENDTE SERENADER

Et Kierkegaardsk eksistensbind

Kim Gørtz

FSC
www.fsc.org
MIX
Papir fra ansvarlige kilder
Paper from responsible sources
FSC® C105338

KIM GØRTZ

INDERLIG

UFULDENDTE SERENADER

Et Kierkegaardsk eksistensbind

SAGARO REC & PUB

ISBN: 9788743058571

Forlag: BoD – Books on Demand, Hellerup, Danmark

Tryk: BoD – Books on Demand, Norderstedt, Tyskland

Angsten omgiver ethvert valg og enhver handling,
thi i den bliver virkelighed til og mulighed
tilintetgjort, og jeg, der vælger og handler, er –
netop – den skyldige.

Johannes Sløk, *Kierkegaards univers*, s. 84 (1983)

Besættelse & differens

Om livets dæmoniske psykologi

De medlevende har med et vink af styrelsen indset tilstanden, i København, i verden. Ironiske og vittige, som forudsætter en ganske specifik intellektuel dannelse, fulde af pjat og grin, så de religiøse problemer og frembringelser bliver en art afsindighed; en bedrøvelig genstand for latter.

Som mirakuløse syllogismer, i tilværelsens gestikulationer, er faren i mængden som et kaos; i den enkelte er frelsen, og den sære tænker konverteres i produktivitetens ulykke, forundres; bestiller intet andet end at takke, af lydighed.

Tungsindets munterhed og livslystens ulykkelige kærlighed, alle de indre kvaler, udgør opvækkelsens dobbelte faktum; at begynde to steder, som beslagets dublicitet, med en nødvendig udtømmelse.

At kunne eksistere i den mest ubetingede lydighed, og kunne vikle tiden således ind i umiddelbar patos, hvor gåden straks pareres, og hvor alt er politik, og hvor den sande menneskelighed behøver Evighed.

Taktikken er i ethvert øjeblik og på ethvert punkt at indrette på, at man har med en indbildning, et sansebedrag at kæmpe.
(Synspunktet..., s. 44)

Man kan bedrage et menneske for det sande, og man kan, for at erindre om gamle Sokrates, bedrage et menneske ind i det sande.
(Synspunktet..., s. 45)

At blive Kristen er enten at vorde hvad man er (refleksionens inderlighed, eller inderliggørelsens refleksion), eller det er først at rives ud af en indbildning, hvilket igen er en refleksionens bestemmelse.
(Synspunktet..., s. 47)

Kun en forfatter vil egentlig kunne forstå, hvad det er for en opgave; at arbejde qua forfatter, det er, med ånden og pennen, så så godt som at være til tjeneste for enhver.
(Synspunktet..., s. 51)

Dersom København nogensinde har været af én mening om mig: jeg var en dagdriver, en lediggænger, en flaneur, en letsindig fugl, et godt måske endog et brillant hoved, vittig, osv. – men alvor manglede jeg da ubetinget.
(Synspunktet..., s. 54)

Indhold

... en uimodståelig indre trangs tilskyndelse...

Kierkegaard: Synspunktet for min forfattervirksomhed
(s.11, 1948)

Alvorens stilhed

Dagspressens *mundus vult decipi* – at bedrage omvendt. Bluffets ætsende middel, refleksionens brug: Hvad er i vor tid en forfatter?

At have med den enkelte at gøre, hvor et helt liv, en hel tanke og en hel verden er koncentreret; her sker inderlighedens betydning.

Den dialektiske dobbeltheds elasticitet, hvor opgaven er at forklare tvetydigheden, og hvor den første bevægelses *eksentricitet* blot er udtrykket for den andens intensitet; her sker udtømmelsen, som skrevet i et kloster.

Den lyse og klare aften. Den frit formet og underholdende kærlighedssang. Som en forelsket bejler synges disse sange til en elsket læser, hiin Enkelte: *Inderlig. Ufuldendte serenader. Et Kierkegaardsk eksistensbind.* Det er helt Kierkegaardsk!

1. Hjælpekunst; at tjene ydmygt
2. Opmærksomhed og tålmodighed
3. En væsentlig religiøsitet
4. Det sande vovestykke
5. Selvfornægtelse og refleksion

Ufuldendte serenader på vej

Væsentlig

Et Heideggersk værensbind

Aura

Et Benjaminsk passagebind

Hellig

Et Agambensk nøgenbind

Immobil

Et Sloterdijksk sfærebind

Fremmed

Et Rosask resonansbind

Flugt

Et Deleuzesk rhizombind

Livsvilje

Et Nietzschesk kraftbind

Negativ

Et Adornosk fortryllelsesbind

Tidligere udgivet: **Frifundet.** *Et Kafkask procesbind*

Jeg var så dybt rystet, at jeg fra grunden forstod, at det umuligt kunne lykkes mig at træffe den beroligende midte, i hvilken de fleste menneske have deres liv: jeg måtte enten styrte mig i fortvivlelse og sanselighed, eller absolut vælge det religiøse som det eneste.

Synspunktet for min forfattervirksomhed, s. 23-24

Alt er sat i refleksion

Magnetagtigt divergerende opholder momenterne sig i vekslende sange, og udviklingsenergiens filosofiske vildfarelser byder den evolutionære eksistens, udgør attentaterne i livsforholdene, det egentligt centrale i skreddet.

Via lyriske smuthuller undergår brugelige mennesker den immanente negativitet; i livets travhed, via livspoesiens udbytte og glæde opstår en indvortes elasticitet, en art livslabyrinternes ondulation.

Erfaringens *transsubstantiation* kommer baglæns i stand gennem livsopgavens ide, og som en mistillidens undergangsproces sker livets svingninger gennem personlighedens fænomenologiske forløb.

Totaloverskuelsens grundfejl; amputation af kompetence, livsindtrykkets kundskaber og den underløbne harme afføder affurede multi-territoriale serie-patologier, et livs-dilemma.

Resonansbund, stolt ængstelighed, livets landskab, digterisk forfatterforfængelighed; at skrive bøger.

… jo mere man mener at kunne eller forhærder sig i at kunne undvære det Evige, desto mere trænger man i grunden blot til det.

Synspunktet for min forfattervirksomhed, s. 108.

Hemmeligheden i bedraget

Evolverende nisse med hat, hørelsens astmatiske tvivl, sensibilitetens metode, dvælende ved de laveste livsforhold.

Alle replikkernes tilbagestrømmen i en uendelig bundløs, usynlig tomhed; intets rum.

Mangekantens kollisioner med livskraftens venner fører tankens dæmoni mod livets spring; kildens evige moder og forløser.

At udsuge og udfritte intelligensens hovedsag, er ligesom at stamme, og styrte ind i livets atmosfæriske luft og lyshav.

Fantasiens forening.

Det væsentlige udhuler kernernes længsler, som *coincidens*punkter, der demaskeres forførisk og fortryllende fængsler med uopløselige bånd.

I første øjeblik føles frigjort, i næste øjeblik i magt; transfigurations-øjeblikke på det bølgende hav, der, som diskursiv valuta, stirrer på disputtens momenter og ser at den oratoriske spørgen stiger til vejrs.

Løftestangens meta, habittens hurlumhej, diskrete momenter frister og anmasser.

Den strikte glemsomhed bliver i den frigørende *metamorphoses* vækst flygtigere, og selvmordets genfødelse og sublimat får tankens flagrende hvilepunkter til at tabe tautologiens holdningsløse melodi.

I en fjernt hendøende genlyd stænker den excentriske tanke en adspredt skabelse; lige dér hvor svimmelheden godter sig poetisk mod afvekslingernes visdomselskere.

I et brydningsperspektiv, som en livssnildheds bevægelse i luften, som angrebs-operationer, som transportable og bekvemme muskelspil, indstiftes det store tidsrum; som entusiasme i spekulationernes tjenester.

Mellemtilstandenes øjeblikke berører hengivelsernes strejf, og gæringsprocessen udvider og sinker overvældelsens syner og tanke-evolutioner.

Springets herskerkunst, som svævende desultoriske tåbeligheder, voves ud på havet, fortæres og tilnærmes; hæver grænserne – oscillerer – i hulens indre, luftige refleks.

I den rene vilkårligheds indre økonomis formløse tågemasse savnes intet dybsindigt.

Snuheden forbløder som skraldets parodi i et fuldkomment isolations-standpunkt.

Hvor der er mængde, eller hvor dét, at der er mængde, tillægges afgørende betydning, dér arbejdes ikke, der leves ikke, der stræbes ikke for det højeste formål, men kun for ét eller andet jordisk; thi for det Evige, afgørende, kan der kun arbejdes, hvor der er én; og at blive denne ene, der kan være alle, er at ville lade Gud hjælpe sig – mængden er usandheden.

Synspunktet for min forfattervirksomhed, s. 112.

Situationen er enkelthedens

Som tænker er den enkelte det mest afgørende, i differensens dobbeltbevægelse.

I det tøjlesløse og stakåndede spring erfares salighedens blotte kontur-omrids gennem kløgtens yderpunkter, som en hukommelsens mægler; i det store tomme luftrums hængekurv svæver himmelfartens uendeligt forsvindende magneter.

Nævenyttige grænser og genier virker instinktagtigt befalende, som en advarende stemmes tankeprægnans.

Tankens hurtige flugt, tankebølgens orakel og frihedens fuldstændige inderlighed, står på spring til et rent, personligt liv.

Livets kald myrder uroens myndighed, stille og stirrende; som i et ilende kætteri, træder frelsens tangent fjernt ud af betydningens berøringer.

Sværmeriet bedrog og bedårede, vakte længsler, beluret besad nærværelsens inderste spørgsmål og nød overraskende udsigten; som et sølvblink, når alt forandres.

Navlestrengens erotik og intelligente kærlighed, entusiasmens tragiske praksis og ironiske elasticitet, blev som i cirklens kvadratur til tankeoperationernes livsstraf.

Klippefaste formationer og venderpunkternes gaver, som abnorme forfalds-fænomener og vågnende løsrivelser, annoncerede smidighedens hovednøgle og dressur.

Den frie tanke levede i øjeblikket, i træ llens tjeneste og tidens tilfredsstillelse, vaklende i gadebekendtskabernes uendelige grænser.

Rasende udrustet på bevæbnede missioner; i mellemstadiernes incitamenter og bremsende sundhed fængsledes den rørende energis protest.

Tomhændet intensitet i omrids.

Thi at vinde en mængde er endda ikke så stor en kunst; dertil behøves blot noget talent, en vis dosis usandhed og lidt kendskab til de menneskelige lidenskaber.

Synspunktet for min forfattervirksomhed, s. 114.

Opløsningstid

Savnets inderlighed – og sekretær.

Den flygtige foragt, dybere krænket og vover det yderste, anelsens gysen, skyggeeksistensens tusmørkeskikkelser, skyggernes spejlbilleder og svimlende maksimum.

En strøm af spotpriser, paragrafslugende gru, trøstelløst posekiggeri; blødagtig anfægtelse, paralytisk tilintetgjort.

Resignation.

Elevation.

Vaklende slyngninger sker normalt som afkald og erotiske, nervesitrende indhentelse af sig selv som en mystisk svæven.

Forfærdes.

Hengiven.

Savlende salighed og tragiske blive-steder, nølende søvnløs, human sympati og uforståeligt martyrium.

Opgiven.

Sandhedsvidnets gudfrygtige gerning er, at indlade sig, om muligt, med alle, men bestandigt enkeltvis, at tale med hver især, på gader og stræder – for at splitte ad, eller at tale til mængde, ikke for at danne mængde, men for at dog én og anden enkelt måtte gå hjem fra forsamlingen og blive den enkelte.

Synspunktet for min forfattervirksomhed, s. 114.

Blindhed

Skjulte helte, en tavs besnærelse, tiende skitser
sjusker sig gennem livet, narret af dunkle rørelser,
og når tilværelsen vakler *herostratisk*, som farlig
tortur og ustyrlige hvirvler, emigrerer livssfærernes
kulminationer mod det indesluttede.

Monologiske øjekast gennemtrænger abrupt og
rædsomt berørings-øjeblikkenes uhu.

En overspændt sensibilitet revolterer
sammensværgende inderlighedens alvor og
gentagelsens vished.

Evighedens udflugt er ceremonielt spyttet ud af
tankens syslen.

Volder smerte.

En erfaringsbaseret personlighedsfilosofi.

Og enhver, der har blot nogen dialektik, vil se, at det er umuligt at angribe systemet fra et punkt inden for systemet. Men der er kun ét, rigtignok spermatisk, punkt udenfor: den enkelte, etisk og religiøst, eksistentielt accentueret.

Synspunktet for min forfattervirksomhed, s. 126.

Helbredelsesmidlet

Besynderlig streng, bør være bekymret.

Uhyre fortrin, ophøjet – oprejst.

Faldet gennemgang, kval, modbydeligt utåleligt.

Hittet fortvivlet, forstemmende gennemført.

Instar omnium.

Fantastisk langt borte, beruselse, indskrænket.

Tilslibes, afslibes, slugte luftsyn, konsonanternes mulighed.

Surstoffets åndedræt, og åndløsheden.

Kældertrolddom, selvmordets affald.

Quantum satis.

Halvdunkel stigende tilstødelser.

Knæk, bagvendt, efterabe, svag.

Knuder, udsvævelser, fremkogle trøst.

Mislighed, nærgående grænseskel.

Quid nimis.

… den enkelte er og bliver det faste punkt, der kan holde igen mod panteistisk forvirring.

… panteismen er et akustisk bedrag … et optisk bedrag, et af timelighedens tåger dannet dunstbillede, et af dens refleks dannet luftsyn, der skal være det Evige.

Synspunktet for min forfattervirksomhed, s. 131.

Kærlig

Det forfærdeligste selvbedragne bånd; at sørge over sig selv i evighedens blomst.

Unddragelsens skjulte veje i lysets herlighed; friskt bevægethed, sætter hjertet.

Hykleriets naboskab; snarens elskov fravrister det svimlende venskab i afsky.

Ansvarets fordoblelse; nærmere end livets pligt, den farligste forræder forarges.

Taknemlig tanke; dvæler mindre mærkelig i oprindelsens spændkraft.

Hemmelighedens frimodige frelse; sværger højere i det bestandiges prøvelse.

Hadets betryggelse; udbrændt sat på prøve som selvantændelsens iversyge.

Afmattet lunken; søvndyssende ydmyghed i det væsentliges inderste befaling.

Frelsende bevarelse; venskabet kæmper i de vidtløftige forvirringers selvfornægtelse.

Beundrende beruselse; lukkede øjne som mistankens fjende, lutter genvej til sejr.

Hjertets renhed; at leve i stilhed langs besmittelsens mellemvæg, her opdages elendigheden.

… der vil komme den, som i guddommelig svaghed vil lære menneskene lydighed.

Synspunktet for min forfattervirksomhed, s. 132.

Utak

Samvittighedens inderlige kraft, snigmyrdet; at
opgive øjeblikket, barmhjertigt rørt over livet.

Gemyttets *somnambule* med en immanent hensigt
mod en anskuelse af livet; i lyrisk samhu.

Balstyrige livsledsagere, akrobatisk kringlet
forfængeliggjort; besindig totalanskuelse.

Levetidens pauser eftertænker nuets dyrkelse,
sætter melankolske brikker i spil; livstrætte
selvforhold trækker vejret særegent.

Omgangssproglige erindringer i livets larm;
reintegratio in statum pristinum – det vidunderliges
grænse, livets hvilen i sig selv; sprogets bristende
lytten.

Dunkle punkter, gådefulde søvnløshed; snørklet
lammelse i blikstille spejl-labyrinter.

Evige tågeslør på den indre scene, som et stikkende
insekt i bevæegelsens *anamnesis* – øjeblikkets grille;
rystelse.

Begyndelsens kronologi fornemmer en uro i den
nøgne svimmelhed og forplumrede blufærdighed; et
skelsættende øjeblik – tilgivelsen.

Den spekulative værts- og læserpagt mærker et slags sejrende resonansrum og et *hvemsomhelsts* betydningskompleks; særsprogets stemning på forventningernes badesteder.

Miraklets erotik giver skriftstedernes gaver til *homiletikkens* spindelvæv gennem tålmodighedens sjæleerhvervelse; et mindre underværk.

Bekendelsernes eksistens- og livssfærer tilegnes som *veronyme*, immanente bønner i den stille atmosfære, i det skriftende hjerte; i inderlighedens nærhed er selve begyndelsen et blivende sted, en hvileplads i det sande liv; i alvorens prøvelser.

Hjerteknusende skikkelser i livets vanvid stirrer på intetheden gennem gådernes kulisser; deprimeret anes tankens incitament ved det absurdes grænse – hjertekrampernes ingenting.

Salige vendepunkter, uendelige vanskeligheder, glemsel, splid, inderlighedens omdannelse; en mellem-væsentlig forsømmelse ved erindringernes bagdøre.

Den bandlyste i det hyggelige kabinet, hvor virkelighedens smerte lader sig nivellere i det allerhelligste.

Autonyme skriftemål, etymologisk mammon, tavse lidelser, stridens evangelium; "tanker som sårer bagfra..."; livets og mismodets svævende symfonier; slutnings-tankens modige øje, sagtmodige, utålmodige, frimodige; forhånelsens ægte mærke, det tautologiske vrøvl.

Synets kærlighed og helbredelse bedrages, når svimlende vaner omvendes i besiddelsesmagt.

Angstens sårbare pligt driver sympatiens mellembestemmelse til forræderiets spildliv.

Bevarelsen af sjæleskaden giver næring til hovmodets berøring, og betydningen heraf skader synlighedens kulturmenneske.

I dyrkelsen af vaklende skikkelser tabes livsmodet i kærlighedens genrejsning; barmhjertighedskraften mistes.

Overser en slags cyklus af bekymringer, og den nærværende livsglæde mætter velsignelsernes sjælefred; håndens smil lider, og strides i livets selvfornægtelse.

Trøsten rammer bagfra, og sjælesørgerisk blottes et helle på afgørelsens hvilested; fortabt frelse, intim og hellig, forsonet længsel.

Stedfortræderens vejledning vokser tilgivende dybere ind i vilkårets alter.

At lære at tackle herlige saligheder, hvilen i tillid, tavshed, lydighed, glæde; det poetiske *bør* – mildhed i ærbødighedens øjeblik, lige midt i tilsigelsens midte – som i bønnens stilhed.

Skænker besværgelsernes værker i polemisk vemod.

Opgivelsens sunde beruselse forstummer i indesluttede værn, som i et dunkelt regnskab, hvor undvigelsen og undsigelsens vilje mærkes som en modtagelse fra tilgivelsens tid.

Det stille og mest inderlige genskær, det beroligende hvilepunkt, forfærdende, foruroligende, forstyrrende; sorgens og trøstens tilgivelse, skriget i havsnød, den knælende ophøjelse på opløftelsens fødder – den tilbedende ydmygelse.

Indså bekendelsernes tilståelser i pagternes skjulesteder; at underlægge sig teksten i åndsfordringernes selvbestemmelser.

Samvittighedens samtidighed; forargelsens bestandige forkyndelse – et *hvorledes nu*; øjeblikkets bestemmelsessted; begyndelsens *straks*.

I ét åndedrag sker tekst-maskineriets intrigante hemmeligheder; i det blinde punkt, i alvorens dialektik, i stiltiende billigelse; i en svævende stemme, som en nødvendig udtømmelse; livsfare, ophavets flimrende flerhed.

Frygtens spejl kommer til undsætning; udstødt i et svælgende tyvesprog, som i afkaldet.

Sværdslagets anskrig, hvor indrømmelserne i fåreflokkes afskyelighed benåder brækmidlets skingrende chok.

Denne væsentlige tørre filosof er, selv om han ikke har efterladt et eneste vers, tillige ikke blot en sprogkunstner, der spiller på sit elskede modersmål som et fint instrument og aflokker det de mangfoldigste toner, men en digter med en lyre, som har de voldsomste og sarteste, de mest dystre og de festligste strenge.

Kierkegaard-oversætteren, H. Gottscheds efterord til 3. bind i den tyske udgave af Kierkegaards samlede værker (Jena 1909-1922) – fra Adornos disputats om Kierkegaard (fra 1933) (1974/1996, s. 21)

Inderlige tydninger

I den groteske, klaustrofobiske livstydning genoplives en indespærret, panisk og kvælende luft, som undslipper forblændelsen; befrielsens vejrtrækning.

Grænselinjernes sfæriske hierarki, forførelsens parodi, øjeblikket som tidens og evighedens berøringspunkt, livsironiske livsskrifter, eksistenslogiske vendepunkter, sfærelogisk arkitektur, dæmonisk dignitet, radikale, besværgende formler, fritænkende regime – og mørke; et skyggespil.

Hæslige, flygtige strejf…

Øjeblikkets chiffer, sympatisk blæk, gysende og bristende fremmedgørelse, dunkle baglåse, springende spidser, fraseologisk jargon, undflyende malstrømmes berøringspunkter, plastiske tilflugter, en retrætebevægelses interiør, et refleksionsspejl med en stille fortvivlelse, og det store ocean som selve evighedens billede.

Et optisk bedrag i et kikhul….

En uhyre maskine med en fortryllende metafysik på rejsen gennem livet til evigheden.

Tavshedens store plads, stumhedens blotte tableau, en asketisk spiritualisme, dybets omslag, kompassets gennemsigtiggørelse, tungsindets vanvittige melankoli gennemvandrer sprækkernes momenter, opløst og løsrevet; *stikker fingeren i tilværelsen* som en virkelighedens dirigent – og klage; som standpunktets spot.

Det spontane centrums systemkraft…

Forædlet tilbagetrækning, erkendelses-resignation skjult i det blinde stof eller i de tomme tegn, misforholdets nedstyrtede helvedestraf, kredsens skema og brudstykkernes navnløse stjernebilleder; sætter nøgne konstellationer – som en efternøler.

Suger marven ud uigennemtrængeligt…

Anledningernes lyskilder; en indre afgrund i meningens svælg, sønderbrudt frastødt i springets mirakler; *noget bevæger sig på stedet*.

Åndedrættet…

Et suk, pausens øjeblik, forsoningens sprogløse indgreb, hulrummets berøringer.

Undtagelsen….

Labyrintisk sammenflettet åbner sfærernes dialektik for konkretionen i sine overgangssteders pauser, og indrømmer den fra tid til anden en plads i den konkrete afklarings lyshuller. (Adorno, 1996, s. 178)

Sjælelivets omslag – og undergang…

Ingen forfatter går i ordvalg listigere frem end Kierkegaard, ingen søger at skjule mere i ordene end han, der utrætteligt fremstiller sig selv som 'spion i højere tjeneste', hemmelig agent og dialektisk forfører.

For at fange ham i den uendeligt reflekterede inderligheds rævehule findes der intet andet middel end at tage ham på ordet: de ord, der – lagt til rette som fælder – til sidst omslutter ham selv.

Fra Adornos disputats om Kierkegaard (fra 1933)
(1974/1996, s. 32)

Tilværelsen er lumsk

Permanent fanget i strømhvirvler, prisgivet i et sørgespil, i offerets paradoks, ved erindringens hule håb.

I eksistensens inderste celle, i fordømthedens dybe undergang; bekymringernes bedrageriske ekko – i det knusende ægthedssegl.

Sammenbruddets katalog, forsvindingspunktets nådesløse pragmatisme; i de forblindede aspirationer og erotiske tilbøjeligheder erfares den umærkelige gestus, hvor havets susen, og hvor havets blikstille bund, forstummer den vilde røst.

Ofrer sig selv i punktet, som henhvirvlede lysfigurer, hvis rørelse og hjemve, som spærrede vægge, redder tankens åbne horisonter.

Tungsindets blik, smerteligt gennemfuret, kvælertagets forrådnelses forspring sprænger revner.

Solide vismænd, de eneste vidundere, som rislende sorgløshed, med medhenhørende skrivefejl, i sovende længsel, som i søvnens snakkesalighed.

Storstilet trummerum; regression.

Tabet af tænkeevne; lemlæstet.

... den absolutte inderlighed aftegner sig for hans blik som en romantisk ø, hvor mennesket kan redde sin 'mening' fra historiens flodbølge.

Lidenskab og offer i Kierkegaards filosofi har deres udspring og naturgrund i tungsindet for dér, som det spirituelle legeme, at udslette naturen selv.

Gennem ofringen af sig selv mister ånden sin beherskelse af naturen, og ofringen truer med at rive alt værende med i sin hvirvelstrøm. Knap nok tæmmet, rører ødelæggelsens kræfter på sig. Tilbagefaldet i mytologi, i askesens magi, forberedes netop gennem den hensynsløse spiritualisering. Jo grusommere Kierkegaard med forken i hånd vil uddrive naturen, desto mere fuldstændigt tilfalder han den.

Fra Adornos disputats om Kierkegaard (fra 1933) (1974/1996, s. 73 og s. 205 (+ 1. tillæg, s. 238))